빛의 천사

이 기사 좀 들어봐... 오늘 아침 일찍 그리피스 공원에서 또다시 젊은 여자 시체가 발견됐군. 마스크를 쓴 살인자들이 저지른 17번째 살인이래.
숫자가 잘못된 거 아냐? 세상이 어떻게 돌아가는 건지! 누군들 안전하겠나?
살인자들은 입과 눈 주위에 노란 밴드를 댄 스키 마스크를 쓰고 있었다는군.
인간이 아니야... 금수만도 못한 놈들이지!
그 여자가 흑백색 차로 끌려갔는데, 목격자들이 비명소리를 들었대. 이런, 흥분되네!
나도 흥분돼. 그럼 또 사냥하러 가 볼까!

MEXICAN FOOD
짐, 당분간 멕시코 음식은 그만 먹어야 겠어. 맛은 아주 좋은데 속이 불편해.. 내일 밤은 흑인 음식을 좀 먹어보세... 어떤가?
음, 아주 좋지!
한 바퀴 더 돌아보자... 저기, 버스를 기다리고 있는 여자가 한 명 있군!
이 놈의 버스는 항상 늦는단 말이야! 제 시간에 집에 못 가면 제프가 가만 있지 않을 텐데!
새 놀이감이 저기 있다... 저 여자를 잡아!
안돼!
사람 살려!
이봐, 팀, 저기 봐!
문제가 생겼군!

끼이이이익
척, 놀이감이 생겼는 걸!
자, 18번째 아가씨, 반항하지 말라구!
그 여자를 놔줘!
윽! 너 이 자식...
오 세상에, 살려 주세요!
자, 아가씨 빨리 나오세요, 서둘러요!
저 녀석을 없애 버려, 프랭크!
없애 버려!

탕!
팀, 놈이 총을 가졌어!
엎드려!
빨리 여길 떠나야 해!
탕!
빨리 타, 척!
끼이이이익!
팀! 괜찮나?
맞지는 않았네!

애애애애애앵! 애애애애애앵!
이봐, 저기 경찰차가 가는군!... 놈들을 잡아야 할 텐데.
뭘 좀 마셔야겠어요... 몸이 좋지 않아요!
음식점으로 가세.
먼저들 가게. 타이어 좀 갈아야 겠어.
10분 후
고속도로 끝
애애애애애앵!
이런, 잘못 돌았나봐.
조심해!
끼이이이익!
콰당탕!
"... 죄악을 행하는 자들에게는 멸망이 있으리라."
잠언 21:15.

한 시간 후... 십자군들은 다알린을 집으로 데리고 가고 있다.
여기, 제 연락처입니다. 목격자가 필요하면 연락하세요.
고맙습니다.
무슨 일이 있었는지 들으면 제프가 굉장히 화를 낼꺼예요.
제프와 결혼하신지는 얼마나 됐나요?
결혼한 사이는 아니예요.
세상에, 오늘 죽을 수도 있었다니.
맞는 말입니다.
생각도 하고 싶지 않은 일이지만... 그렇게 되었다면... 그들이 만약 나를 죽였다면...
다음 생은 어떨까요?... 더 나은 사람이 되고 싶어요.
아닙니다. 당신은 바로 지금 지옥에 갈 것입니다... 당신의 다음 생은 지옥일 겁니다.
뭐라구요? 지금 농담하시는 거죠?
아닙니다, 다알린. 당신은 당신 죄들 가운데서 죽었을 겁니다!... 자, 그럼 잘 자요. 전화주세요.
세상에, 뭐 이런 사람들이 다 있담.

두 시간 후
아버지, 저희는 계속 다알린과 제프를 위해 기도합니다. 그들에게 복음 전할 기회를 주십시오.
아멘!
똑! 똑!
제프, 이 분은 팀 클락과 제임스 카터예요.
안녕하세요, 제프. 정말 반갑습니다.
시간 낭비하고 싶지는 않습니다만, 다알린의 생명을 구해 준 것에 대해서는 감사합니다. 그러나...
지옥에 간다고 겁을 준 것은 사과했으면 합니다.
미안합니다, 제프... 그러나 다알린은 지금 지옥으로 가고 있는 중입니다.
당신도 같습니다.

하하하... 농담하나요? 이것들 보세요. 지옥은 중세 시대와 함께 사라졌어요. 설마 지옥을 진짜 믿는 것인가요?
지금은 목사들도 지옥에 대해 설교하지 않아요... 온통 사랑뿐이지요!
맞습니다! 어떤 목사님은 36년 동안 지옥에 관한 설교를 6번밖에 듣지 못했다고 하는 걸 들어본 적도 있어요.
그게 어쨌단 겁니까?
지옥이 금기사항이 되어 버렸기 때문이죠. 설교자들 대부분은 지옥을 논하는 것조차 두려워합니다.
성경에서 누구보다 지옥에 대해 말을 많이 한 인물이 누군지 압니까?
아뇨.
예수 그리스도십니다. 마귀와 그의 타락한 천사들을 위해 지옥을 만드신 분이시죠.*
농담마세요. 예수님이 지옥을 만들었다니!
한번 들어보시겠습니까?
좋습니다... 안 될 것 없죠.

* 요한복음 1:3

하나님께서 천사들을 모두 창조하셨죠. 물론 루시퍼도요.*
하나님의 빛이 루시퍼의 몸을 통해 빛나자 그는 빛의 천사가 되었습니다.
루시퍼는 아름다움과 지혜에 있어서 완벽했습니다.
루시퍼는 하나님의 보좌를 덮었습니다. 그는 하늘 나라에서 최고 위치에 있었지요.
* 에스겔 28:11-19

루시퍼가 하나님이 되고 싶어하자 우주 최초의 죄가 역사에 등장하게 됩니다.

『오 아침의 아들 루시퍼야, 네가 어찌 하늘에서 떨어졌느냐! 민족들을 연약하게 하였던 네가 어찌 땅으로 끊어져 내렸느냐!

이는 네가 네 마음속에 말하기를 "내가 하늘에 올라가서 내가 내 보좌를 하나님의 별들보다 높일 것이요, 내가 또한 북편에 있는 회중의 산 위에 앉으리라.

내가 구름들의 높은 곳들 위로 올라가, 내가 지극히 높으신 분같이 되리라." 하였음이라』

이사야 14:12-14

루시퍼는 권력에 미쳤지요. 그는 하늘의 천사 삼분의 일을 자신의 반역에 동조하게 해서 그들을 지휘했습니다.
그는 하늘 나라를 통치할 계획이었습니다. 안 될 것도 없었죠! 완벽한 존재였으니까요... 하지만 그가 잊은 게 하나 있었습니다. 그것은 그가 온 우주의 창조주가 아니라는 것이었습니다. 이윽고 하나님께서는 조치를 취하셨지요.

그들은 하늘에서 쫓겨나 새로운 곳으로 가게 되었습니다. 지구라는 행성과 그 대기층이었지요.

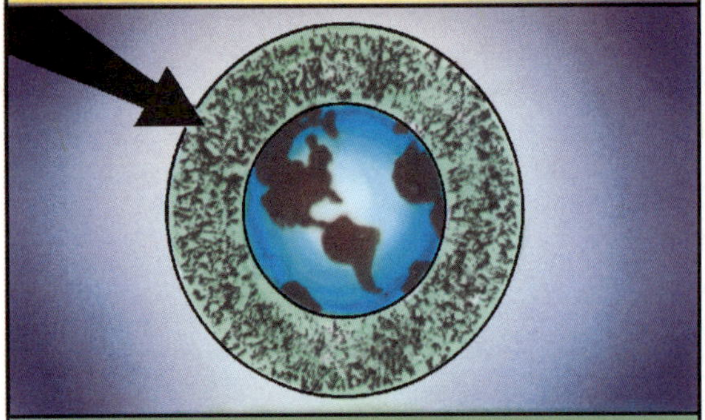

루시퍼에게는 새로운 이름이 생겼습니다. 사탄(고소자), 마귀(작은 신), 공중 권세의 통치자, 이 세상의 신, 용 등입니다.

우리는 성경(하나님의 거룩하신 말씀)을 통해서만 사탄에 대해 배울 수 있습니다. 성경이 사탄의 정체를 드러내기 때문에 그는 성경을 증오합니다.

그는 성경을 파괴하기 위해 최선을 다했습니다. 물론 성공은 못했습니다. 그래서 그는 이제 성경의 메시지를 바꿀 수 있는 종교 운동을 시작합니다. 이런 일이 얼마나 교활하게 이루어지는지 알려 드리겠습니다.

성경은 창세기 2:7에서 이렇게 말씀하십니다.

"주 하나님께서 땅의 흙으로 사람을 지으시고 그의 콧구멍에다 생명의 호흡을 불어넣으시니, 사람이 살아 있는 혼이 되었더라."

아담은 믿을 수 없을 정도의 능력을 지닌 존재로 창조되었습니다. 그에게는 컴퓨터 같은 지성이 있었습니다. 그는 온갖 동물과 새들의 이름을 지어주었습니다. 그의 몸은 너무나 완벽해서 그는 930세까지 살았습니다.*

아담에게는 돕는 자가 필요했기 때문에 하나님께서는 다음과 같은 방법으로 이브를 창조하셨습니다.

성경은 창세기 2:21,22에서 이렇게 말씀하십니다. "주 하나님께서 아담을 깊은 잠에 빠지게 하시니 그가 잠드니라. 하나님께서 그의 갈비뼈 중에서 하나를 취하시고 살로 대신 거기를 채우시더라."

"주 하나님께서 남자에게서 취했던 갈비뼈로 여자를 지으셔서 그녀를 그 남자(아담)에게로 데려오시니..."

* 창세기 5:1-5

많은 사람들은 이 사실을 믿지 않습니다. 심지어 거짓으로 왜곡하기도 하지요. "예수 그리스도 후일 성도 교회"라고 불려지는 몰몬교의 제2대 교주였던 브리감 영은 이 일을 이렇게 설명합니다.

"우리의 아버지 아담이 에덴동산에 들어왔을 때, 그는 천상의 몸을 입고, 그의 아내들 중 하나인 이브와 함께 들어왔습니다. 그는 이 세상을 만들고 조직화하는 일을 도왔습니다. 그는 고대의 천사장인 미카엘이었습니다. 그에 관해서는 거룩한 사람들이 기록하고 말했습니다. 아담은 우리의 조상이며 우리의 하나님이며, 우리와 관계있는 유일한 하나님입니다."

브리감 영(Brigham Young)이 쓴 〈강연록, *Journal of Discourses*〉에서 발췌. 제1권 50쪽.

브리감 영

그러나 이는 명백한 신성모독입니다. 그는 성경을 닫아 버린 것인데, 이는 사탄이 예전부터 사용하던 방법입니다. 분명히 기억해야 할 것은, 사탄은 모든 거짓 교리의 창시자라는 것입니다.* 몰몬교 선교사들을 조심하십시오.

* 몰몬교에 관한 주장과 질문에 대해서는 〈예수 안에 살아 있는 성도들, *Saint Alive in Jesus*〉 참조 (Box 1076, Issaquah, WA98027)

자, 다시 루시퍼 이야기로 돌아갑시다. (사탄, 혹은 마귀, 어떤 이름으로 부르든 상관없습니다.)
하나님께서는 땅의 통치권을 아담에게 넘기셨습니다. 사탄은 한낱 인간에 지나지 않은 존재에게 뒤쳐진 것에 분노했습니다.
그래서 아담이 죄를 짓도록 했습니다. 그러면 땅을 아담에게서 빼앗아 자신이 통치할 수 있을 것이라 생각한 거지요.
음... 그래요?

아담은 실패했습니다. 그는 시험에 졌습니다. 아담이 범죄함으
로 인간은 영적으로 죽게 되었고, 그 결과 죄가 전 인류에게 퍼
지게 되었습니다... 우리 모두는 태어나면서부터 반역하는 본성
을 가지고 태어나게 된 것이지요.
사탄은 통치권을 찬탈했습니
다. 그는 에덴 동산에서도 인
간을 증오했으며, 오늘날도
인간을 증오하고 있습니다.
사탄을 숭배하는 가련하고
어리석은 이들은 심지어 사
탄이 자신들 편이라고 생각
합니다. 사탄의 계략을 모르
는 것이지요.

얼마 되지 않아 인간은 정신적, 육체적으로 심하게
부패했으며, 그 결과 하나님께서는 홍수로 인류를
멸망시키셨습니다. 사탄의 통치하에서 세상은 정신
병동이 되어 버렸습니다.*
"지면에 있는 모든 생물이 멸망하였으니, 곧 사람과
가축과 기어다니는 것들과 하늘의 새들이라. 이들은
땅에서 멸절되었으나, 오직 노아와 그와 함께 방주
에 있던 자들만이 살아남았더라."
창세기 7:23
그렇게 인류는 새로운 기회를 부여받았습니다.

하지만 노아와 그의 가족이 방주에서 나오자 사탄과
그 무리들이 그들을 기다리고 있었습니다.
이 더러운 영들과 마귀들은 사탄의 타락
한 천사들입니다.

* 크루세이더 시리즈 제7권 〈노아의 방주〉 참조

노아에게는 셈, 함, 야펫, 이렇게 세 아들이 있었는데, 이들은 노아와 함께 방주에 들어갔던 자들입니다...
함에게는 쿠스라는 이름의 아들이 있었는데... 쿠스는 "위대한 음모"(세계 지배 계획) 개발에 협력했습니다. 쿠스는 하늘 나라까지 닿는 탑 건설을 추진했습니다... 그 일은 그다지 어렵지 않았습니다. 왜냐하면 그들 모두는 같은 언어*를 사용하고 있었기 때문입니다. * 창세기 11:1-6

양동이 좀 가져가라니까!
하지만 하나님께서는 그 문제를 처리하셨습니다.
他说什么?
? Que paso?
Was sagen sie denn?
하나님께서는 그들의 언어를 혼란케 하셨습니다.* 갑자기 서로의 언어를 알아들을 수 없게 된 거지요. 바벨탑 건설은 완전히 중지되었습니다.
* 창세기 11:7-9

쿠스에게는 님롯이라는 아들이 있었습니다.* 사탄이 매우 기뻐하는 인물로, 사탄이 원하는 바로 그 사람이었습니다. 님롯은 셀 수 없이 많은 이들을 지옥으로 보낸 장본인입니다. * 창세기 10:8,9
성경은 이 사람을 "힘센 사냥꾼"이라 말씀합니다. 인간들의 혼을 사냥하는 사냥꾼이었죠. 님롯은 바빌론이라는 거대한 도성을 세웠습니다. 그는 그의 부모와 함께 신비적 의식과 정치적 수단과 거대한 가짜 종교를 이용해서 사악한 체제를 비밀리에 세우고 있었습니다.

님롯의 어머니는 좀 다른 인물이었습니다... 그녀의 이름은 세미라미스였습니다. 그녀는 아주 아름다웠지만, 사탄에게 완전히 팔려 버렸습니다. 그녀는 지금까지 살았던 가장 사악한 여인들 중 하나였습니다.
그들은 이 새로운 종교를 하나로 묶기 위해서 참으로 메스꺼운 일을 했죠... 님롯이 그의 어머니와 결혼을 한 겁니다.
웍, 정말 메스껍군.

위의 내용은 알렉산더 히슬롭의 〈두 개의 바빌론, *The Two Babylons*〉(pub. by Loizeaux Brothers, Neptune, New Jersey)에 자세히 설명되어 있음.

그들의 죄가 얼마나 사악했는지, 아기들을 희생제물로 드리는 일이 일반적인 종교 의식이 되었습니다. 님롯의 작은 할아버지인, 노아의 아들 셈은 아주 크게 격분해서 님롯을 죽이고, 그를 토막내어 다른 이들에게 본으로 삼았습니다.
님롯이 죽다니!
흑! 흑!
님롯의 추종자들은 흩어졌습니다. 그들의 영웅이 죽었습니다. 그들은 공개적으로는 죄짓기를 두려워했습니다. 자신들도 똑같이 님롯처럼 죽을 수 있었기 때문입니다.
그러나 님롯의 교활한 어미(세미라미스)에게는 비책이 있었습니다. 결국 그녀는 이 새로운 사탄적인 종교를 장악했고... 자신의 죽은 남편이자 아들이 이제 공식적으로 신이 되었음을 선포한 것입니다.
님롯이 신이 되었으니, 그녀는 여신이 된 거지요. 스스로를 "하늘의 여왕"이라고 불렀습니다.
흥미로운 사실은, 바빌론 도성에서 폭동이 일어난 적이 있었는데, 사람들이 세미라미스를 보자 그녀가 너무도 아름다워 폭동이 멈추었고, 모든 사람들이 그녀의 아름다움을 칭찬했다고 합니다.

세미라미스는 사탄의 종교를 비밀리에 조직했습니다... 추종자들은 비밀 맹세를 해야만 했습니다. 이것이 비밀 단체*의 시초가 되었습니다. 고해실이 세워지고 사람들은 자기 죄들을 그녀의 사제들에게 고백해야만 했습니다.

* 오늘날의 프리메이슨 같은 비밀 단체들

쯧쯧, 그런 끔찍한 짓을 정말로 저질렀단 말이지?
훌쩍... 예, 거룩하신 이여! 제가 용서받을 수 있을까요?
하! 네가 하기 나름이지.
그럼, 하늘의 여왕께서 용서하실 걸세.

이 종교에서 세미라미스와 그녀의 사제들은 자신들이 하나님의 위대한 신비들을 이해한 거룩한 존재들이라고 말했습니다.

세미라미스는 자신에게 속한 마귀의 사제들에게 행동 명령을 내렸습니다... 그들은 온갖 거짓말, 마술, 환상의 대가들이었습니다. 세미라미스가 어린 님롯을 안고 있는 동상과 우상들이 곳곳에 세워졌습니다. 그녀는 곧 "하늘의 여왕"(아스타르테)으로 받아들여졌습니다. 달은 그녀의 상징이 되었고, 그녀의 남편이자 아들인 님롯은 이제 태양신인 바알로 불렸습니다. 그의 상징은 태양이 되었습니다. 바알 숭배가 급물살을 탔습니다.

세미라미스(아스타르테)
"하늘의 여왕"
님롯(남편이자 아들)은 바알, 즉 태양신이 된다.

바빌론 몰락과 함께 사탄의 종교는 이집트로 옮겨졌고, 그후 전 세계로 퍼졌습니다. 이에 해당되는 이집트 신은 누굴까요? 바로 "이시스" 입니다.

이집트에서 **"하늘의 여왕"**
세미라미스는 이시스로 불립니다.

또 남편이자 아들인 님롯은 오시리스*로 불립니다... 어린 아이로 제시되는 그는 보통 호루스라고도 불립니다(태양신).

* 번센(Bunsen) 저 〈이집트, *Egypt*〉 (Printed in London, 1848) vol.1, p.438

태양을 상징하는 "호루스의 눈"*

프리메이슨의 "모든 것을 보는 눈"

*〈고대 프리메이슨, *Ancient Freemasonry*〉, 1923, Pyramid Book Co., NY, p.12, by Frank C. Higgins, 32°
(1달러짜리 지폐 뒷면에도 있음)

시간이 흐르면서 이 종교는 전 세계로 퍼졌고, 심지어 신화 속에 세미라미스와 님롯이 등장하기도 한다. 다음은 세미라미스와 님롯에 해당되는 이방 신들의 이름이다.

세미라미스
시벨레(어머니 여신), 로마
아이린(평화의 여신), 그리스
싱무(중국의 거룩한 어머니)
다이아나(에베소)
레아(신들의 어머니)
이시(어머니 신), 인도
비너스

님롯
데오니우스(아시아)
소년 쥬피터(로마)
바카스(고대 그리스의 파티의 신)
켄타우르(그리스)
오리온(별자리)
소년 플루투스(그리스)
날개달린 존재(바빌론)
이스와라(인도)

위의 내용은 알렉산더 히슬롭의 〈두 개의 바빌론, *The Two Babylons*〉(pub. by Loizeaux Brothers, Neptune, New Jersey)에 자세히 설명되어 있음.

사탄은 성공을 거두었습니다.... 인간들이 더 이상 주님을 섬기지 않게 된 것입니다.
전 인류는 어떤 형태로든 바알 숭배의 덫에 걸려들었습니다.

그래서 하나님께서는 이스라엘(유대인)로 불리는 한 민족을 일으키셨습니다.
그들은 세상에서 어떻게 살아야 할지 모세를 통해서 하나님의 지시를 받았습니다.
그들은 사탄이 통치하는 국가들에게 빛이 되어야 했습니다.

하지만 이스라엘(유대 민족)은 얼마 가지 않아 완전히 실패했습니다. 그들은 바알 숭배와 관련된 조각상들과 우상들에게 끊임없이 돌아갔습니다.

그래서 주께서는 이스라엘이 다른 나라로 사로잡혀 가게 하셔서 그들을 고난받게 하셨습니다. 이스라엘이 용서를 구하고 죄에서 돌이키면 하나님께서는 그들을 용서하시고 그 고난에서 그들을 건져 내셨지만, 그후 그들은 다시금 죄로 돌아갔습니다. 하나님께서는 하나님의 사람들인 선지자들을 보내셔서, 이스라엘에게 하나님의 법을 지키도록 경고하셨습니다...

하지만 그것은 선지자들에게 참으로 힘든 일이었습니다. 왜냐하면 그 일에 선지자들은 목숨을 걸어야 했기 때문입니다.
죽여 버려! 없애 버려!

전통에 따르면 위대한 선지자인 이사야는 통나무 속에 넣어져 톱으로 두 조각이 나게 켜졌다고 합니다. 그러니 그런 위험한 일을 아무도 원할 리 없었을 것입니다.

하나님께서는 위대한 계획을 세우셨습니다. 이는 여러분이 지금까지 읽었던 것 중에서 가장 중요한 메시지가 될 것입니다. 여러분이 지옥을 피할 수 있다면 그것은 이 계획 때문입니다.

유대인들이 이집트에서 노예로 있었을 때, 그들은 사탄의 영토의 중심부에 있었습니다.
그곳은 바알 숭배의 중심부였습니다.
하나님께서는 모세를 보내셔서 이스라엘 자손을 이집트에서 이끌어 내셨습니다. 주께서는 모세와 함께하셔서 큰 재앙들로 이집트인들을 치셨습니다.
드디어 유월절 사건이 있게 되었고, 그때 이집트는 이스라엘을 놓아주게 됩니다.
유월절이란, 이스라엘이 어린 양을 죽여 그 피를 문에 발랐을 때 하나님께서 그 피가 묻은 이스라엘 집을 보호해 주신 사건입니다.
그날 밤 주께서는 이집트 전역을 다니시며, 피가 묻어 있지 않은 모든 가정의 첫태생을 죽이셨습니다.
그러나 문에 양의 피가 묻은 집은 주께서 그냥 지나쳐가셨습니다.
이집트인들의 집에는 양의 피가 묻지 않았습니다.
애가 죽다니! 내 아들이 죽었어!
그렇게 주께서는 이집트 각 가정의 장자를 죽이셨습니다. 이집트인들은 너무도 무서워서 이스라엘 사람들에게 떠나 달라고 간청했습니다. 출애굽기 12:29

주의 : 여기서 "어린 양의 피"는 당신이 사탄으로부터 피할 수 있는 유일한 길을 제시해 주는 성경의 핵심 요소이다. 이 책 끝에서 당신은 이해하게 될 것이다.

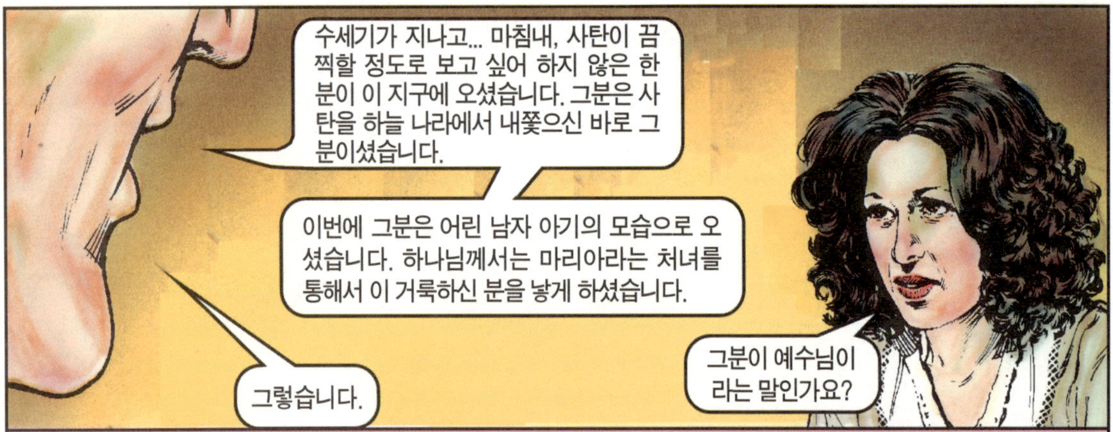
수세기가 지나고... 마침내, 사탄이 끔찍할 정도로 보고 싶어 하지 않은 한 분이 이 지구에 오셨습니다. 그분은 사탄을 하늘 나라에서 내쫓으신 바로 그 분이셨습니다.
이번에 그분은 어린 남자 아기의 모습으로 오셨습니다. 하나님께서는 마리아라는 처녀를 통해서 이 거룩하신 분을 낳게 하셨습니다.
그분이 예수님이라는 말인가요?
그렇습니다.

마리아는 젊은 유대 여인으로, 처녀*였습니다. 그녀 역시 인간이었기에 죄인이었지만, 성령 하나님께서 초자연적인 방법으로 그녀를 임신케 하셨고, 죄 없으신 하나님의 아들을 인간의 모습으로 낳게 하셨습니다. 이런 기적은 이사야라는 유대 선지자가 8세기 전에 미리 예언해 놓은 것입니다.

* 이사야 7:14

사탄은 역사에 등장한 모든 인간을 망쳐놓았습니다... 그리고 이제 육신으로 오신 예수님을 대면하고 있습니다.
사탄은 예수님이 죄를 짓게 한 다음 그분을 죽일 수만 있다면 자신의 원수를 단 한 번에 영원히 제거할 수 있다고 생각했습니다.
이제 예수께서 서른 살이 되시자 그 대결의 때가 되었습니다.

집에 가자구. 더 이상 이런 쓰레기 같은 소리 못 듣겠어.
제프, 당신이 저 문 밖으로 나가면 사탄은 크게 웃어댈 것입니다.
이봐, 다알린, 전형적인 공포 작전이야.
그만해요, 제프... 난 더 듣고 싶어요.
제프, 아주 간단해요... 당신이 지옥을 향해 가고 있다면...
당신은 앞으로 어떻게 될지 잘 알고 있을 겁니다.
여길 오지 말았어야 했어.
팀, 계속해요. 제프는 신경 쓰지 마세요.

이집트에서 문에 발랐던 어린 양의 피와 관련된 건가요?
예수께서 30세가 되시자 침례인 요한이 나타나 예수님을 백성들에게 소개했습니다. "세상 죄를 제거하는 하나님의 어린 양"*이라고 말이죠.
바로 그렇습니다, 다알린.
* 요한복음 1:29

예수께서는 침례를 받으시고 광야로 가셨습니다. 40일간 전혀 음식을 먹지 않고 계셨는데, 사탄은 온갖 계략을 사용해서 그분을 유혹했습니다.
사탄아, 물러가라!
@!!!☆☆!
사탄은 이 대결이 끝나면 자신이 영원히 불탈 것을 알고 있었습니다.
그러나 사탄은 길거리에 다니는 사람들이 사탄에게 합류해서 불탈 운명임을 그들에게 알리고 싶지 않았습니다.
그런데 예수께서 사실 그대로를 말씀하기 시작하신 것입니다.
모든 노력에도 불구하고 예수님을 죄짓게 할 수는 없었습니다. 사탄이 상대하고 있는 분은 인간의 모습을 하고 계신 우주의 창조주이시요 여호와이시며 이스라엘의 메시야, 만왕의 왕이요 만주의 주이신 분이셨습니다.

잠깐!
그만하시오!
온 세상이 모두 지옥에 간단 말이오?

제프, 성경은 로마서 3:23에서 "모든 사람이 죄를 지었으므로 하나님의 영광에 이르지 못하다가" 라고 말씀하십니다.
또한 로마서 3:10 에서는 "의인은 없나니 없도다, 한 사람도 없도다" 라고 말씀하십니다.

세상에! 내가 지옥으로 간다구! 그런 말을 하다니 미쳤군.
제프, 당신 같은 반응 때문에 설교자들이 지옥에 대해 설교하지 않는 것입니다.

여호와의 승인과 가드너 테드 암스트롱* 같은 사람이 지옥을 없애고 우스갯거리로 만들어 버리는 것도 바로 그 때문이지요.
지옥으로 가는 사람 누구도 지옥의 존재를 믿고 싶어하지 않아요. 제프, 난 당신 기분을 맞추기 위해 당신에게 거짓말하지는 않을 겁니다.

* 여호와 증인이나 암스트롱주의에 관한 질문이나 의견이 있으면 「현대 기독교 연구소, Institute of Contemporary Christianity」로 직접 문의 바람. (P.O.Box A, Oakland, N.J. 07436)

예수님께서 제자들에게 하신 "부자와 나사로"에 대한 말씀을 들어보십시오. 사람들은 비유라고 하지만 이 이야기는 실화입니다... 예수님은 나사로라는 이름까지 거명하셨습니다. (누가복음 16:19-30)

"어떤 부자가 있었는데, 그는 자색 옷과 고운 베옷을 입고...

음, 아주 좋군!

매일 호화로운 생활을 하고 있더라."

"또 나사로라고 하는 어떤 거지가 있었는데 온 몸에 헌데가 난 채 그 부자의 문전에 누워서 부자의 식탁에서 떨어진 부스러기로 배를 채우기를 바라니, 심지어 개들이 와서 그의 헌데를 핥더라.

그러다가 그 거지가 죽었는데 천사들이 그를 아브라함의 품으로 옮겼고 그 부자도 죽어서 장사되었더라."

"부자가 지옥에서 고통받는 중에 눈을 들어 저 멀리 아브라함을 보았더니 나사로가 그의 품에 있는지라.

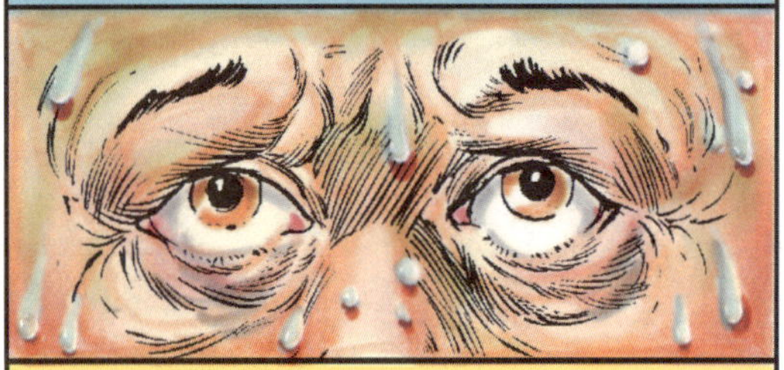

그가 소리질러 말하기를 '아버지 아브라함이여, 저를 불쌍히 여기셔서 나사로를 보내시어 그가 자기 손가락 끝에 물을 적셔 내 혀를 식히게 하소서. 내가 이 불꽃 가운데서 고통받고 있나이다.' 라고 하니,"

"아브라함이 말하기를 '아이야, 너는 네 생전에 좋은 것을 받았고 나사로는 나쁜 것을 받았음을 기억하라.

그러나 이제 그는 위로를 받고 너는 고통을 받느니라."

"이 모든 것 외에도 우리와 너희 사이에는 커다란 구렁이 놓여 있어서 여기에서 너희에게로 건너가고자 하여도 갈 수 없고 거기에서 우리에게로 건너오고자 하여도 올 수 없느니라.' 고 하더라."

"아브라함의 품"은 죽은 의인이 가는 장소입니다.
"지옥"은 죄 가운데 죽은 자들이 가는 장소입니다.

“그가 말하기를 ‘그러면 아버지여, 내가 당신께 간구하오니 당신께서 나사로를 내 아비 집에 보내어 주소서.
나에게 다섯 형제가 있으니 그가 그들에게 증거하여 그들로 이 고통의 장소에 오지 않게 하소서.’ 라고 하니,”
“아브라함이 그에게 말하기를 ‘그들에게는 모세와 선지자들이 있으니 그들에게서 듣게 하라.’ 고 하더라.
그러자 그가 말하기를 ‘아니옵니다. 아버지 아브라함이여, 만일 누군가가 죽은 자들로부터 그들에게 가면 그들이 회개하리이다.’ 라고 하니”
“아브라함이 그에게 말하기를 ‘만일 그들이 모세와 선지자들의 말을 듣지 않는다면 비록 누가 죽은 자들로부터 살아난다 해도 그들을 설득할 수 없을 것이니라.’ 하니라.”
자, 제프, 부자는 죽었지만... 그는 자기에게 벌어지는 일을 알고 있었습니다.
그는 생각할 수도, 느낄 수도 있었으며... 눈도 있었고... 혀도 있었습니다.
맞아요!... 그리고 자신의 형제들이 그에게 오지 않기를 바랐어요.
이제 다시 예수님과 사탄의 대결로 갑시다.
주인님, 가장 강력한 마귀들조차도 예수를 대항하기에는 힘이 없습니다.
반드시 죽여야 합니다!
우리를 도와줄 한 사람이 있다... 그의 제자들 중 하나, 유다 이스카리옷이다.

유다 이스카리옷은 예수님을 배반합니다... 그는 종교 지도자들에게 얼마의 값을 받고 성전 경비대를 예수께로 안내하겠다고 말합니다.*
마태복음 26:14,15
거래가 이루어졌습니다... 은 30개... 그 밤에 유다는 경비대와 함께 옵니다. 그리고 예수님은 체포됩니다.
사탄은 기뻤습니다. 그가 가장 두려워하는 원수에게 죄를 뒤집어씌울 음모가 진행되고 있는 것입니다.
드디어 예수를 잡았다!
증오에 휩싸인 사탄은 자신이 성경의 예언을 실현시키고 있음을 깨닫지 못합니다.
예수께서는 유대교 제사장들이 종교 사기꾼들이라고 정체를 폭로하신 바 있습니다.
그를 죽여야 해!
우리를 모욕한 값을 치러야지.
예수님을 증오한 바로 이들이 예수님을 재판했습니다... 속임수 카드 패가 이미 돌려진 것입니다.
마태복음 26:59-67.
정말 싫은 사람이야.
예수님은 재판이 시작되기도 전에 이미 유죄였던 것입니다.
거짓 증인들이 서로 다른 이야기를 합니다.
누가복음 23:1-5
예수님께는 어떠한 변론도 허락되지 않았습니다.
유죄요!
신성 모독자!
반드시 죽여야 해!
이 재판이 진행되는 도중 18개의 유대인 율법이 지켜지지 않았습니다.* 그 결과 예수님은 사형선고를 받았습니다.
* 얼 윙고 〈예수님에 대한 불법적 재판, The Illegal Trial of Jesus〉 (Christian Truth & Victory Publications)

예수님께서는 재판을 받기 위해 폰티오 빌라도(로마 총독)에게 넘겨지셨습니다.
내가 예수를 어찌 하랴?
십자가에 처형하소서.
십자가에 처형하소서.

사탄과 그의 마귀들은 사람들을 피에 굶주린 폭도로 바꾸어 놓았습니다. 빌라도는 예수님이 무죄함을 알았지만 그분을 십자가에 처형하라는 명령을 내립니다. 이때는 유대인들이 유월절을 기념하고 있었습니다. 그들은 자신들이 이집트에서 노예였으며, 어린 양의 피를 문에 발랐을 때 주께서 그들의 집을 지나치셔서 하나님의 무시무시한 심판을 받지 않았던 때를 기억하고 있습니다. 요한복음 18:29-40

그리고 이제 창조주이신 예수께서 하나님의 어린 양이 되셔서 우리를 위해 희생제가 되셨습니다. 그분은 자신의 보배로운 피를 흘리셔서 우리를 덮으시고 우리의 죄들을 씻기셨습니다. 예수님께서는 유월절 어린 양이 되셨습니다.
예수님을 십자가에 못박을 때쯤 예수님의 모습은 알아볼 수 없는 모습이 되었습니다. 미치광이 폭도들이 그분의 얼굴에서 수염을 쥐어뜯어 버렸고*... 온통 두들겨 맞아 만신창이가 되었습니다.
"하나님께서[아버지] 세상을[여러분] 이처럼 사랑하셔서 그의 독생자[아들 하나님이신 예수님]를 주셨으니 이는 그를 믿는[신뢰하는] 사람은 누구든지 멸망하지[지옥에 가지] 않고 영생[하늘 나라]을 얻게 하려 하심이니라."
요한복음 3:16
* 크루세이더 시리즈 제8권 〈위대한 선물〉에서 십자가 형에 대한 의학적인 설명 참조

우리가 죽으면 하나님께서는 우리를 점검하실 것입니다. 예수님의 피가 묻은 성도를 보시면 구원하실 것이나, 피로 보호받지 못하는 사람들은 불못 속으로 던져져서 영원한 사망을 맞이하게 됩니다. 히브리서 9:22

그분의 몸은 무덤 속에 장사되었습니다... 하지만 이제 본격적인 일이 일어납니다. 사탄이 전혀 예상치 못했던 일이 일어난 것이죠.
부자는 아직도 여기 있음
아브라함의 품
예수님께서는 "아브라함의 품" 이라고 불리는 땅의 더 낮은 부분으로 내려가십니다. 아담에서부터 십자가 처형 때까지 주께 신실하게 살다가 죽은 사람들이 여기서 기다리고 있습니다. 예수께서는 이들을 하늘 나라로 데리고 가십니다.
오늘날은 성도가 죽으면 그 즉시 하늘나라로 가게 됩니다(고후 5:8).
예수께서는 죽은 자들로부터 육체로 부활하셔서, 5백 명 이상의 목격자들에게 보이셨습니다. 그 분의 무덤은 비어 있습니다... 그리고 예수께서는 제자들에게 더 많은 말씀들을 해주셨습니다.
40일 후에 하늘 나라로 올라가시면서 예수님은 다시 오시겠다고 말씀하셨습니다. 사탄과 그의 마귀들은 분노했습니다. 자신들이 패배한 것을 안 것입니다. 성경은 "만일 그들이 알았더라면 영광의 주를 십자가에 못박지는 아니하였으리라." 고 말씀하십니다.
고린도전서 2:8
며칠 후 제자들이 기도하고 있을 때... 성령 하나님께서 하늘에서 내려오셔서, 높은 곳으로부터 오는 능력으로 제자들을 채우십니다.
사도행전 2:1-47
이에 제자들은 사람들에게 설교하기 시작했습니다. 예수님께서 그들의 죄들 때문에 죽으셨기에 그들은 마귀의 손아귀에서 빠져 나올 수 있다고 설교했습니다. 이 설교로 세상은 발칵 뒤집어졌습니다.

전쟁은 계속되고 있습니다... 제자들 대부분은 살해되었습니다... 교회 시대가 시작되었고, 교회는 박해와 더불어 성장했습니다. 그리스도인들은 대량살육되었지만, 그 강력한 로마가 성도들 안에 있는 사랑으로 뒤흔들리게 되었습니다.

약 300년 후, 사탄은 그리스도인들을 박해로 없앨 수 없다는 것을 알고는, 그들을 오염시키고 타협시킬 궁리를 하게 됩니다. 로마카톨릭 체제가 권력을 장악했고, 참된 그리스도인들은 산속으로 도망갑니다. 가짜 "교회"가 성장하기 시작하는 것입니다... 이교도들이 들어왔고, 세미라미스(하늘의 여왕)와 님롯(태양 신 바알)의 동상들과 우상들이 "교회" 안으로 들어왔습니다. 사탄은 기뻐합니다. 그 신들의 이름은 마리아와 아기 예수로 둔갑합니다. 카톨릭은 수적 팽창을 이루어 냅니다. 마리아는 높임을 받는 반면* 부활하신 주님이신 예수 그리스도께서는 그분의 모든 권능과 영광 가운데서 무시당합니다.

로마카톨릭 집단은 마리아의 주권에 대해서 성경과 정반대로 이같이 말하고 있습니다. "마리아는 하늘과 땅의 여왕이시다. 가장 완전한 여왕으로서 마리아는 충만한 광채 가운데서 다스리신다. 이는 그녀가 하늘에서 몸과 영혼 전체로 완벽하게 거하시는 분이기 때문이다." 하지만 성경은 하늘의 여왕을 숭배하는 것을 금하고 있습니다. (예레미야 7,44장)

* 〈카톨릭 교리 속의 마리아, *Mary in Doctrine*〉, p.246 (Father Emil Neubert 지음, pub. by Bruce Publishing Co.)

사탄은 목표를 이루게 됩니다. 성경은 대중에게서 멀리 떨어진 수도원 지하실에 숨겨지고, 세상은 암흑 시대 속으로 내던져졌습니다.
수백만 명이 지옥으로 쏟아져 들어갑니다.

그러나 암흑 시대에도 남모르게 하나님을 따르던 그분의 신실한 성도들은 비밀리에 하나님을 섬겼습니다. (왕상 19:10,18 참조)

세월이 지난 후 성경이 인쇄되기 시작했습니다. 그러자 이 땅에 빛이 비쳤고, 사람들은 그리스도를 발견하고 삶이 변화되었습니다.
팀, 오늘날 사탄의 조직은 얼마나 되죠?
성경은 온 세상이 악함에 놓여 있다고 말씀하십니다.* 그리고 사탄은 이 세상의 통치자입니다.**
* 요한일서 5:19, ** 요한복음 14:30

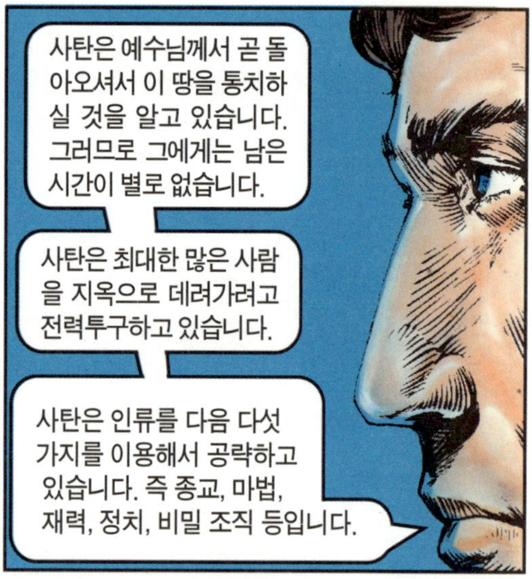
사탄은 예수님께서 곧 돌아오셔서 이 땅을 통치하실 것을 알고 있습니다. 그러므로 그에게는 남은 시간이 별로 없습니다.
사탄은 최대한 많은 사람을 지옥으로 데려가려고 전력투구하고 있습니다.
사탄은 인류를 다음 다섯 가지를 이용해서 공략하고 있습니다. 즉 종교, 마법, 재력, 정치, 비밀 조직 등입니다.

그는 다양한 형태의 바알 숭배를 이용한 종교를 통해서 가장 끔찍한 공격을 가해오고 있습니다.

· 아시아는 동방종교와 더불어 지옥으로 내려가고 있습니다.

· 아프리카는 부두교, 이슬람교 등과 함께 죽음으로 내려갑니다.

· 서방 세계에서는 많은 자유주의 "크리스챤" 목사들이 성경을 믿지 않거나, 아니면 지옥을 비웃거나, 어떤 형태로든 바알 숭배에 참여하고 있습니다.

· 극소수만이 예수께서 흘리신 피와 그분의 재림을 설교하고 있습니다.

이단들이 번성하고 있는데, 인간은 너무 혼란스러워서 무슨 일이 일어나고 있는지도 모릅니다... 그러나 사탄은 알고 있습니다.

젊은이들은 마법에 불붙어서 사탄의 덫에 빠지고 있는데, 그러한 도구들로는 점성술, 점괘판, 마법 카드, 마약, 흑마술이나 백마술, 장미십자회 등입니다. 이들은 자신들의 신인 루시퍼(사탄 혹은 마귀)가 신뢰할 수 없는 존재임을 알지 못합니다. 곧 그들은 공포에 사로잡힐 것입니다...
결국 그들은 불못 속에서 영원히 사탄과 함께 할 것입니다... 보잘것없는 능력과 흥분을 맛보기 위해 지불한 대가치고는 너무나 엄청난 것입니다.

정치나 경제적인 면에서 가해지는 사탄의 공격은 "인사이더즈"나 "일루미나티"*(빛의 천사인 루시퍼를 따르는 단체)라고 불리는 잘 조직화된 지하 단체를 통해서 가해집니다. 알베르토 리베라 박사(전직 예수회 사제)가 이 단체를 알렸는데, 이 국제적인 단체는 바티칸에서 조종하고 있습니다.

- 그들은 국제 금융을 통제합니다.
- 그들은 독일 나찌당과 러시아의 공산당 모두에게 재정 지원을 하고 세우는 것을 도왔습니다.
- 전쟁은 참으로 훌륭한 사업이 되기 때문에 그들은 전쟁을 계획하고 재정 지원을 하는 일에 관여합니다.

정당들도 통제를 받습니다. 이들이 승인하지 않으면 고위직에 오르기가 힘듭니다. 이들이 정책 결정에서 좌익과 우익의 싸움을 조종하고 지시한다고들 합니다... 성경에 언급된(계 13장) 사탄의 최고 정치가(짐승, 즉 적그리스도)는 카톨릭 체제를 통해서 권력을 잡을 것입니다... 이 모든 것은 프리메이슨 조직과 얽혀 있으며, 단일 세계 정부를 꿈꾼 님롯의 생각까지 거슬러 올라갑니다.

* 일루미나티는 예수회 수장인 이그나티우스 로욜라가 창설했다. 〈배신, *The Big Betrayal*〉(칙 출판사) 14쪽 참조

이봐요, 프리메이슨에 관한 말은 듣기 싫군요. 우리 삼촌도 메이슨 단원인데 교회에 다닌다구요.
그래요!... 설명해 보세요!
제프, 대부분의 사람들이 메이슨 단원이 되는 이유는 사업상 도움을 받거나, 아니면 일주일에 한 번이라도 아내에게서 벗어나고 싶어서지요. 그들 중 많은 이들이 그리스도인이라고 주장합니다.

그들 대부분은 자신들의 조직이 어떤 것인지 모릅니다. 조직의 상부에 오른 사람들만이 그 끔찍한 실체를 알고 있지요.
이걸 한 번 읽어 보세요. 알버트 파익이란 사람이 발행한 지침 사항 복사본입니다. 그는 메이슨 33단계 단원인, 전세계 프리메이슨 최고 성직자인데, 이 문서는 1889년 7월 14일, 세계 23 최고 의회 소속에게 보낸 것이랍니다.
이걸 보면 프리메이슨의 진짜 신이 누구인지 알 겁니다.

다음 쪽을 읽기 전에 먼저 자리에 앉는 것이 좋을 것입니다.

알버트 파익(전세계 프리메이슨의 최고 성직자, 일명 "프리메이슨의 교황")은 다음과 같이 말했습니다, "우리가 대중에게 말해야 할 사항은, 우리가 하나님을 섬긴다는 것입니다. 하지만 이는 미신을 배제한다는 의미에서 하나님을 섬긴다는 것입니다. 최고 지위에 이른 여러분에게, 즉 30, 31, 32 단계 형제들에게 우리가 반복해서 말하는 바는, 메이슨단의 종교는 우리 같은 고위급 입회자들을 통해 루시퍼 교리의 순수성이 유지되어야 한다는 것입니다. 루시퍼가 하나님이 아니라면 아도나이(예수, 즉 그리스도인들의 하나님)가 왜 그를 비방하겠습니까? 맞습니다. 루시퍼는 하나님입니다..."*

* 퀸버로우 부인 저, 〈신인숭배, *Occult Theocrasy*〉, (pub. by Christian Book Club of America, Hawthorne, CA 90250), pp.220-221

옛날 프리메이슨 전설에서는 님롯이 메이슨단 창설자들 중 하나였다고 말한다.*

* A.G. 맥케이 저, 〈The Encyclopedia of Freemasonry〉, (McClure Publishing Co., Philadelphia), 601쪽 참조

그리스도인이면서 메이슨 단원인 자가 있다면, 그는 C.G. 피니 목사가 저술한 〈프리메이슨〉을 꼭 읽어야 한다. (Christian Truth & Victory Publications, 9088 Co. Rd. 11 N.W., Alexandria, MN 56308, Phone: 320-846-0835) 메이슨단에 대한 질문은 짐 쇼(Jim Shaw) 목사에게 하기 바람. 그는 전직 33단계 메이슨단원이었음(Box 884, Silver Springs, FL 32688)

다음은 사탄의 영적 조직이다. 에베소서 6:12

사탄, 즉 루시퍼

비엘세붑 (총 사령관)

정사들 (최고 마귀들의 이름)

마귀 숭배 (신비종교)
- 거짓 종교들
- 비밀 단체들
- 동방 종교들
- 기독교 이단들
- 자유주의기독교
- 일루미나티에 소속된 교회들
- 환각작용을 일으키는 마약
- 환생

성적 타락
- 동성애
- 양성애
- 간음
- 혼전 성관계
- 포르노
- 자위

약물중독
- 약물
- 흡연
- 술,
- 카페인
- 폭식

살인
- 증오
- 낙태
- 질투
- 시기
- 전쟁
- 험담

죽음과 질병

정신 병
- 우울증
- 자살
- 신경쇠약

다양한 마귀적 활동들 (그리스도인들을 방해할 목적으로 고안됨)
- 종교적 만족
- 복음 전파 반대
- 영적 성장 반대
- 재정적 지원 반대

권세들
나라들과 정부들과 도시들을 통제함

이 아래에는 셀 수 없이 많은 더러운 영들이 있음... 각각의 영들은 그 사령관의 엄격한 통제 하에 있음

사탄이 친 거미줄이 전 세계를 뒤덮고 있다... 극소수만이 그가 친 그물에서 피한 상태이다.

매주 수백만 명의 죄인들이 지옥으로 쏟아져 들어가고 있습니다...
(이들은 사탄의 보물들입니다)... 그리스도의 피로 가려진 사람들만이 거기서 피할 수 있습니다.
그 고통의 연기가 영원무궁토록 올라가리라... 밤낮 쉼을 얻지 못하리라... 요한계시록 14:11
어두워! 무서워! 못 참겠어!
엄마, 당신을 증오해요... @!!!☆☆! 왜 내게 성경을 읽어 주지 않았죠?
목사, 넌 돼지야... 우리에게 듣기 좋은 말만 했지... 지옥에 대해서는 절대로 말한 적이 없었지. @!!!☆☆!
네 친구들 때문에 예수를 영접하지 않았다구?... 그 친구들은 지금 다 어디 있지?
선교사들은 어디 있었단 말인가?
예수님, 저는 지금 주님을 영접할 준비가 되었습니다.
이 얼간이! 너무 늦었어.*
* 히브리서 9:27
수 억 년 동안 여기 있었던 것같아!
몰라... 보이는 것이라고는 온통 끈적끈적하고 불쾌하고 냄새나며 @!!!☆☆! 신랄한 마귀들뿐이야.
오, 아니지... 겨우 백만 년밖에 되지 않았어... 이건 시작일 뿐이야!
하하하!
역사상 가장 큰 배신은 사탄이 다음의 사실을 인정할 때 있을 것입니다.
예수가 주이시다!
"이로 인하여 하나님께서는 그를 지극히 높이시고 모든 이름 위에 있는 한 이름을 그에게 주사 하늘에 있는 것이나 땅 위에 있는 것이나 땅 아래 있는 것이나 모든 무릎을 예수의 이름에 꿇게 하시고 모든 혀가 예수 그리스도를 주라 시인하여 하나님 아버지께 영광을 돌리게 하셨느니라."
빌립보서 2:9-11

다알린, 제프, 하늘 나라에서는 영원한 보상이 있을 겁니다. 지옥에서는 영원한 형벌이 있고요.
어떻게 하면 우리가 구원 받을 수 있죠?
이런, 지옥에 가고 싶지 않은데...
하나님께서도 당신들이 지옥에 가는 걸 원치 않으십니다. 여러분들이 하늘 나라에 갈 수 없는 죄인임을 아시겠습니까?
예, 우리 둘 다 죄인이에요.
그렇다면 예수님께 구원해 달라고 간구합시다.
"주의 약속은... 아무도 멸망하지[불못에서] 않고 다 회개에 이르게 하려 하심이라." 베드로후서 3:9
주님, 저는 구원받지 못했습니다. 제 마음에 오셔서 구원해 주세요.
601호
주 예수님, 저에게 자비를 베풀어 주세요. 저는 구원받지 못한 죄인입니다. 지옥에서 저를 구원해 주시고 제가 하늘 나라에 갈 수 있게 해주세요.
20분 후
당신들을 만나게 해주신 하나님께 감사드립니다. 안심이 됩니다.
저도 그래요. 이제 평안을 얻었어요.
아시겠지만 이제 이 기쁜 소식을 다른 이들에게도 전해야 합니다.
다음 날
아버지, 저... 어... 아버지는 지옥에 갈 수도 있다는 것을 생각해 보신 적이 있나요?
내가 어쩐다구? 너 미친 거 아니냐? 다시는 그런 말 하지 말아!
저 녀석이 얼간이가 돼 버렸네.
그렇지, 그렇게 말하는 거야!
주님, 너무 늦기 전에 어떻게 아버지를 일깨워 줄 수 있을까요? 불가능해 보입니다!
"하나님께는 모든 것이 가능하니라." 마태복음 19:26
끝